KB185806

저자: 이완

어머니 개인회생을 돕기 위해 19살 때부터 아르바이트 노동자로 일했다. 파리바게트에서 1년 반, 다이소에서 3년, 아트박스에서 1년, 세븐일레븐에서 반년을 일하며 생활비를 보탰다.

「더칼럼니스트」 창간 1주년 기념 공모전에 당선되어서 처음으로 통장에 300만 원 넘는 돈이 쌓이는 것을 보았다. 얼룩소 에어북 공모전에 당선되어서 얇은 전자도서 두 권을 출간했다.

사회구성원은 서로 연결되어 있다고 믿는다. 버스 기사가 일에 지쳐 깜빡 졸면 무고한 사람이 대형사고에 휘말릴 수 있듯, 누군가의 고난과 절망은 사회에 어떤 식으로든 전염된다.

따라서 사회구성원은 서로의 짐을 거들어야 한다. 다시 말해 연대해야 한다. 이런 믿음을 갖고 정치철학을 공부하며 글을 쓰고 있다.

좌엽좌득

다시 지지받는 좌파가 되기 위해

Deep
Insight

좌업좌득
다시 지지받는 **좌파**가 되기 위해

발행일 | 2024년 12월 26일
글쓴이 | 이완
펴낸이 | 윤준식
표　지 | 유민정
펴낸곳 | 도서출판 딥인사이트
출판신고 | 제2021-59호
주　소 | 서울특별시 성동구 아차산로 113 삼진빌딩 8125호
전　화 | 010-4077-7286
이메일 | news@sisa-n.com

ISBN | 979-11-982914-4-8

CONTENT

들어가는 말

우리나라는 또 한 번 자유를 잃을 뻔했다. 2024년 12월 3일 오후 10시 23분, 윤석열 대통령이 비상계엄을 선포했다. 이유는 반국가세력으로부터 자유 헌정 질서를 지켜야 한다는 것이었다. 곧이어 계엄군은 포고령을 통해 국회와 정당의 정치활동이 금지했고, 특전사 일부 병력이 국회의사당으로 들이닥쳤다.

다행히 국회의원과 시민의 발 빠른 저항으로 12월 4일 오전 1시에 국회가 계엄령을 해제할 수 있었다. 자칫하면 나라 전체가 새해를 맞기도 전에 70년대로 돌아갈 뻔했다.

12.3 내란 사태는 우리나라의 약점을 드러냈다. 우리나라는 튼튼한 민주공화국이 아니었다. 대통령은 소수 극우 세력만 믿고 무모한 결단을 내렸고, 그 탓에 민주공화국이 순식간에 뒤집어질 수도 있었다. 더 이상 기존 정치질서에서는 자유가 안전하지 않다. 나라의 한계가 드러났으니, 새로운 정치질서에 대한 논의를 시작하기에 딱 좋은 시기가 왔다.

흔히 위기는 기회라고 한다. 그런데, 이렇게 나라가 한계를 드러냈을 때 앞장서서 변화를 이끌어낼 수 있는 좌파가 보이지 않는다.

2017년에 박근혜 대통령이 파면되었을 때는 노회찬 의원 등 여러 좌파 정치인이 개혁 분위기를 달궜다. 당시에도 좌파는 정치의 주류로 올라서지 못했지만, 그럼에도 많은 사람이 좌파 정치인에게 대안을 물었다.

하지만 지금은 좌파가 전혀 주목받지 못하고 있다. 내란의 승리자처럼 행세하는 민주당과 지리멸렬한 국민의힘이 있을 뿐, 새로운 논의를 주도할 만한 좌파 정당은 국회 안팎에 존재하지 않는다. 다시 말해, 좌파는 굴러들어온 기회를 잡을 여력도 없을 정도로 무너져버렸다.

사실, 좌파가 격동기에 발언력을 잃은 것은 다름 아닌 좌파 탓이다. 물론 무분별한 반공주의나 보수적인 사회 분위기 탓도 크겠지만, 그런 분위기에 제대로 대응하지 못하고 휩쓸린 것은 엄연히 좌파였다.

이 책은 좌파 정치가 실패한 원인을 다룬다. 나는 한 사람의 청년 좌파이다. 그리고 다시 한 번 지지받는 좌파 정치를 일궈내기 위해서는 좌파부터 변해야 한다고 믿는다. 이상적인 민중이 아니라 진짜 우리 곁에 있는 민중을 대변하고, 생각이 다른 사람들에게 정의를 강요하기보다 타협을 통해 점진적으로 좌파가 원하는 바를 이뤄내야 한다고 믿는다.

한국 좌파는 위대했다. 한국 좌파는 해방 직후 가장 진보적인 헌법을 만들고 토지를 재분배하는 데 기여했다. 6.25 전쟁이 한창일 때도 근로기준법을 관철시켰다. 하지만 지금은 선배 좌파들의 성과를 누구도 계승하지 못하고 있다. 보다 정의로운 대한민국을 만들기 위해, 좌파는 다시 위대해져야 한다.

1장.

좌파의 편리한 변명

2014년 12월 19일, 「헌법재판소」가 내분으로 몸 져누운 「통합진보당」에게서 산소 호흡기를 떼어냈다. 이유는 '내란 선동'이었다. 이때로부터 2년 전, 「통합진보당」은 총선에서 13석을 얻으며 민주화 이래 가장 강한 좌파 정당으로 올라섰다.

당시 「통합진보당」에는 유시민, 이정희, 노회찬 등 인기 있는 정치인이 많았다. 그들이 한 팀으로 뭉친 덕에, 「통합진보당」은 작지만 강한 제3세력으로 순식간에 자리 잡았다. 그렇게 국민의 개혁 열망을 자극하던 「통합진보당」은 총선 후 2년 만에 최초로 법에 따라 해산된 위헌 정당으로 전락했다. 이후 좌파는 내분과 내란이라는 돌덩이를 짊어져야 했다.

만년 3등 좌파

그전에도 좌파는 실적이 저조했다. 2004년부터 열린 17대 국회에서 「민주노동당」은 겨우 10석을 얻었다. 2012년 19대 국회에서 「통합진보당」은 13석을 얻었지만, 곧 「진보정의당」 등으로 분열하면서 6석만 지킬 수 있었다.

21대 국회에서는 「정의당」이 6석, 「진보당」이 1석을 겨우 챙겼다. 이 외에도 「노동당」, 「미래당」 등 여러 좌파 정당이 있지만, 모두 국회에 진출하지 못했다. 그리고 2024년 22대 총선에서는 고작 「진보당」 1석만 남았다. 좌파는 항상 민중을 대변한다고 하지만, 정작 민중은 좌파 곁에 없었다.

나 역시 좌파지만 좌파 정당을 지지하지 않는다. 나는 완전한 평등은 나쁘지만, 불평등에도 허용 범위가 있다고 믿는다. 시장경제는 효율적이지만, 정부로부터 철저하게 관리받아야 한다고 믿는다.

우리나라 건국 정신은 자유주의적 사회주의에 가깝고, 시장만능주의와 소극적인 정부는 건국 정신에 어울리지 않는다고 본다. 하지만 나는 지금까지 지지할 만한 좌파 정당을 찾지 못했다. 좌파 정당의 의석수를 보면 나처럼 방황하는 좌파가 꽤 많은 듯하다.

정말 소선거구제 탓일까

좌파는 왜 다수의 지지를 이끌어 내지 못하고 있을까. 어떤 사람은 군소정당에 불리한 소선거구제를 탓할지도 모른다. 물론 승자독식 구조인 소선거구제 탓에, 유권자는 새 정당에 선뜻 기회를 주기 어려울 것이다. 혹여나 사표가 생기면, 싫어하는 정당에 이득을 줄 수 있기 때문이다. 하지만 소선거구제 역시 좌파의 성장판을 닫은 주범일 수 없다.

원래 영국에서는 「보수당」과 「자유당」이 의회를 양분하고 있었다. 거대 여당이던 「자유당」이 내분에 빠지는 동시에 노동운동과 사회주의가 확산하면서, 「자유당」의 빈자리를 「노동당」이 차지했다. 이후로 「보수당」과 「노동당」이 영국 정치를 주도하는 모습이 이어지고 있다. 분명 소선거구제는 군소정당에 어려운 싸움을 강요하지만, 불가능한 싸움을 요구하지는 않는 셈이다.

민중이 민중을 배신했을까

여기서 좌파 운동가들은 '계급 배반 투표'를 원인

으로 지적할지 모른다. 계급 배반 투표란 유권자가
자기 계급 이익에 어긋나는 정당에 투표하는 현상을
말한다. 예를 들어 가난한 노동자가 기업인의 자유
를 공약하는 우파정당에 투표하면 계급 이익을 배반
한 것이다.

실제로 「한국갤럽」이 지난 19대 총선 때 비례대
표 정당 지지도를 조사한 결과를 보면, 블루칼라 노
동자 38%가 「새누리당」을 지지했다. 「통합진보당」을
지지한 블루칼라 노동자는 5%에 불과했다. 화이트칼
라 노동자 중에서도 29%는 「새누리당」을, 10%는
「통합진보당」을 지지했다. 나머지는 조사에 응답하지
않거나 민주당으로 넘어갔다.[1]

21대 총선 직전에 조사한 정당 지지 결과에서도,
기능노무·서비스업 종사자 21%는 「미래통합당」을 지
지했다. 「정의당」을 지지한 사람은 9%에 불과했다.
사무직 종사자의 경우에는 15%가 「미래통합당」을,
5%가 「국민의당」을, 5%가 「정의당」을 지지했다.[2]

---

1) 한국갤럽, 『데일리 정치지표』 제13호 (2012년 4월 2주)
2) 한국갤럽, 『데일리 오피니언』 제397호 (2020년 4월 3주)

이처럼 가난하다고 해서, 노동자라고 해서 꼭 좌파 정당을 지지하리라는 법은 없다. 「한국갤럽」이 정리한 것처럼, 적어도 우리나라에서는 생활 수준이 정치적 태도를 결정하지 않는다.3)

하지만 이런 현상을 꼭 '계급 배반'이라고 말하기는 어려워 보인다. 만약 가난한 노동자가 보수적인 시장자유주의를 강화해야 잘살 수 있다고 믿는다면, 그의 입장에서는 보수정당을 지지하는 것이 곧 계급 이익을 키우는 일이 아닐까?

국가안보가 일자리를 지키는 데에 중요하다고 믿는 노동자라면, 무작정 무기를 내려놓겠다는 좌파 정당이 아니라 한미동맹과 군사력 강화를 공약하는 우파 정당을 지지할 수 있지 않을까?

유럽의 가난한 노동자들이 난민과 이민자를 받으려는 전통 좌파 정당이 아니라 극우 정당으로 몰리는 것처럼, 우리나라의 사회적 약자도 나름 이유가

---

3) 한국갤럽, 『교육수준·생활수준과 정치적 태도: 저학력·저소득층이 더 보수적인가?』, 2022년.

있어서 우파 정당을 지지하는 게 아닐까? 애초에, 좌파 정당이 정말 다수의 이익을 제대로 대변했을까?

좌파는 정말 최선을 다했을까

계급 배반 투표나 소선거구제는 좌파의 실패를 덮는 구멍 난 헝겊에 불과하다. 우리나라 좌파 정치가 실패한 것은 유권자를 끌어들일 만큼 매력적이지 않기 때문이다. 좌파 정당은 눈앞에 있는 국민이 아니라 공상 속 민중을 위해 싸웠다. 그래서 열정적인 선거운동이 지지율로 이어지지 않았다.

이 사실을 외면하고 계급의식이나 소선거구제 같은 외부 요인만 탓한다면, 우리나라 좌파는 만년 「맨셰비키」 신세에서 벗어나기 어려울 것이다. 우리나라 좌파는 **현실을 살아가는 사람들의 마음을 외면**해 왔고, 선거 때마다 다수 유권자에게 버림받았다. 그야말로 자업자득이다.

2장.

누가 좌파일까

2017년 4월 13일, 19대 대선후보 1차 토론은 유쾌했다. 문재인 후보는 홍준표 후보에게 이렇게 물었다. "같은 흙수저 처지에, 왜 제가 주적입니까?" 홍준표 후보는 평소처럼 명쾌하게 답했다. "친북좌파이기 때문이죠."4) 이 즈음부터 홍준표 후보는 '홍카콜라'라고 불렸다. 보수적인 사람들이 보기에 홍준표 후보가 막힌 목구멍을 콜라로 뚫어준 느낌이었나 보다. 철지난 색깔론을 들고 왔다며 비판받았지만, 홍준표 후보는 **"우파가 좌파라는 말을 어떻게 사용하는지"**를 단적으로 보여줬다.

흔히 우파의 가치는 자유, 좌파의 가치는 평등이라고 말한다. 이런 이분법은 편리하지만 엄밀히 말하면 잘못되었다. 가장 큰 문제는 자유다. 우리나라 우파 상당수는 동성끼리 결혼할 자유와 양심에 따라 병역을 거부할 자유를 허락하지 않는다.

반면 우리나라 좌파 일부는 그럴 자유를 요구한다. 좌파는 실질적인 자유를 보장하기 위해 더 많은 평등을 요구하지만, 우파는 소극적인 자유를 지키기

---

4) SBS 뉴스, 『대선후보 1차 토론』, 2017년 4월 13일.

위해 평등을 희생하려 한다. 문제가 이렇게 복잡한데, 과연 **"우파는 자유! 좌파는 평등!"** 같은 단순한 이분법이 각자의 정치성향을 이해하는 데에 얼마나 도움이 될까.

복잡하게 얽힌 좌파와 우파

사실 "좌파란 무엇이고 우파란 무엇인가?"하는 문제에 완벽한 정답은 있을 수 없다. 단어의 의미는 맥락에 따라서 얼마든지 달라질 수 있기 때문이다. 예를 들어, 어떤 사람이 "사과!"라고 외쳤다. 여기서 '사과'는 과일일까, 아니면 미안함을 표현하는 행동일까. 말하는 사람이 처한 상황을 모르면 우리는 의미를 알 수 없다. 이처럼 말뜻은 맥락에 따라 얼마든지 달라질 수 있고 정치 용어도 마찬가지다.

실제로 자유주의나 보수주의 정치사상을 다루는 책을 찾아 읽어나가다 보면, 하나로 정리된 의미를 찾기 어렵다는 고백을 꼭 접할 수 있다. 따라서 좌파에 대해서도 모두를 만족시킬 수 있는 명확한 기준을 제시하기란 불가능하다.

"'좌파'와 '우파'는 고정불변의 의미를 가리키는 것이 아니라 시대와 상황에 따라 상이한 의미를 갖는다. (…) 좌파가 우파의 대립항이라는 사실은 그저 동시에 좌파와 우파일 수 없다는 것을 의미할 뿐 대립하고 있는 양측의 내용에 대해서는 아무것도 이야기해 주지 않는다." _노르베르토 보비오[5]

역사로 보는 좌파와 우파

정치학자들도 합의를 이끌어 내지 못한 문제를 나 같은 아마추어 한 사람이 해결할 수는 없을 것이다. 다만 역사적 사례를 참고해 일시적으로나마 논의에 도움 되는 기준을 마련할 수는 있어 보인다.

처음 좌파와 우파가 나타난 것은 「프랑스 대혁명」 때다. 혁명 직후 소집된 의회에서, 헌법에 재산권을 제한할 수 있는 조건을 더하고 왕정을 폐지하려 한 사람들은 왼쪽 자리에 앉았다. 재산권을 최대한 보장하고 입헌군주제를 도입하려 한 사람들은 오른쪽 자리에 앉았다. 이때부터 유럽에서는 재산권과 사회

---

5) 노르베르토 보비오, 『제3의 길은 가능한가』, 박순열 옮김, 새물결, 1998.

질서를 두고 이와 비슷한 좌우 구도가 형성되었다.

독일의 비스마르크 총리는 자본가에게 많은 의무를 부과하려 했지만, 그렇다고 재산권의 소중함을 모르지 않았다. 특히 황제를 정점으로 하는 기존 위계질서를 지키는 일에 열정적으로 헌신했다.6) 따라서 비스마르크 총리는 다소 강경한 우파라고 볼 수 있다.

같은 시기 독일에서 사회주의 운동을 이끈 페르디난트 라살레는 정부가 협동조합을 육성하고 보통선거권을 도입하기를 바랐다.7) 다시 말해 페르디난트 라살레는 재산권과 기존 사회질서에 비교적 비판적이었고, 독일 노동운동과 사회주의 운동의 역사에서 대표적인 좌파 인물로 다뤄진다.

지금도 주요국에서는 재산권과 종교, 가족, 이민 자격 등 기존 사회질서를 완고하게 지키려 하면 우

---

6) 가스통 V. 림링거, 『사회복지 사상과 역사』, 비판과대안을 위한사회복지학회 옮김, 한울, 2011.
7) 김수행 등, 『제3의 길과 신자유주의』, 서울대학교출판부, 2006.

파, 비판하고 대체하려 하면 좌파로 통한다. 따라서 우리나라에서도 재산권과 그 외 기존 사회질서를 상대적으로 강하게 비판하는 사람을 좌파라고 할 수 있어 보인다.

우리나라에서는 누가 좌파일까?

그렇다면 2017년 대선 때 문재인 후보는 얼마나 좌파적이었을까? 문재인 후보는 토론회에서 "동성애를 좋아하지 않는다"고 이야기했다.[8] 실제로 「민주당」 정부는 성소수자를 위한 일에 적극적이지 않았다. 다시 말해 좌파 정치인에 비하면 기존 가족 질서에 비판적이지 않았다. 대신 우파에 비하면 난민과 이민에 관대하다는 정도였다.[9]

또한 재산권에 대해서도 온건했다. 지금은 어느 나라에서도 경제안정과 사회통합을 위한 일정 정도의 정부 개입은 좌파적이라고 하지 않기 때문이다.

---

8) 황금비 등, 『동성애 반대하는 페미니스트 후보? 문재인 발언에 비판 봇물』, 한겨례, 2017년 4월 26일.
9) 정지용, 『문 대통령 "아프간 남의 일 같지 않아…우리도 난민·이민자였다"』, 한국일보, 2021년 8월 30일.

따라서 「종합부동산세」를 부활시키고 금융규제를 강화했다고 해도, 고작 그 정도로 재산권에 비판적이었다고 말하기도 어렵다. 다만 우리나라 기준에서 「제이노믹스」가 꽤 강한 정책이었다는 점은 사실이니, 문재인 전 대통령은 선명하지 않은 좌파라고 쳐야 하지 않을까?

따라서 앞으로 나올 모든 이야기에서, 문재인 전 대통령을 비롯한 「민주당」 정치인은 좌파에서 배제하려 한다. 대체로 「민주당」 정치인은 성향이 선명하지 않아서 좌파라고 부르기 애매한 경우가 많기 때문이다. 이 책에서 내가 비판하는 대상은 매우 선명한 좌파이기 때문이다.

우리나라의 선명 좌파는 재산권뿐만 아니라 가족, 국민국가, 한미동맹 등 너무 많은 것을 과하게 비판한다. 그 탓에 '좌파가 그렇게 사랑하는 민중'과 멀어졌다. 다시 말해 앞으로 다루는 좌파란 「민주당」보다 재산권과 기존 질서에 더 비판적인 사람들이라 보면 되겠다.

3장.
좌파가 외면한 안보 불안

2019년 「참여연대」가 문재인 대통령의 예산안을 비판했다. 이유는 국방비였다. 「국회예산정책처」가 매년 발표하는 『대한민국 재정』에 따르면, 문재인 전 대통령이 집권하기 직전인 2016년, 정부는 국방비로 38.8조 원을 썼다.

「참여연대」가 비판한 것은 2020년 예산안이었는데, 당시 문재인 정부는 국방비를 50.2조 원으로 늘렸다. 문재인 전 대통령 집권 말기인 2022년에는 국방비가 54.6조 원까지 늘었다.[10] 문재인 대통령은 역대 어느 대통령보다 많은 국방비를 쓴 셈이다. 이걸 두고, 참여연대는 대통령이 남북 대화와 평화를 어렵게 한다고 비판했다.

"이러한 군비 증강은 지난해 남북이 「판문점 선언」과 「평양공동선언」을 통해 합의한 군사적 긴장 완화, 군사적 신뢰 구축에 따른 단계적 군축 등의 합의에 역행하는 것이며, 한반도 평화 프로세스의 진전을 어렵게 만들고 있다. 북한의 계속되는 반발이 바로 그 사실을 증명한다."_이영아, 참여연대 평화군축센터 간사[11]

---

10) 국회예산정책처, 『2023년 대한민국 재정』
11) 이영아, 『문재인 정부의 역대급 국방비, 한숨이 나온다』,

상대의 선의에만 기대는 평화주의

「참여연대」 뿐만이 아니다. 우리나라 좌파는 군사력 강화에 무관심했다. 정확히 말하면, 국민의 안보 불안에 신경 쓰지 않았다. 지난 20대 대통령 선거에서, 「정의당」은 국방비 축소, 대북 제재 완화, 「국가보안법」 폐지를 공약했다.12)

한술 더 떠서 「진보당」은 우리나라를 동맹 없는 중립국으로 만들기 위해 한미동맹을 폐기하겠다고 공약했다.13) 국회 밖에서는 「전국민주노동조합총연맹」이 매년 국방비 억제와 주한미군 철수를 요구하고 있고, 「전국장애인차별철폐연대」와 「한국대학생진보연합」도 거기에 동참해 왔다.14) 온건하든 과격하든, 좌파는 무기를 내려놓고 상대의 선의에만 의존하는 '비무장 평화주의'를 고집하고 있다.

물론 좌파 입장에서는 비무장 평화주의야말로 정

참여연대, 2019년 11월 13일.
12) 『제20대 대통령선거』 정의당 정책공약집
13) 『제20대 대통령선거』 진보당 정책공약집
14) 『주한미군철수! 세균부대철거! 민주노총 결의대회』, 전국민주노동조합총연맹, 2019년 7월 12일.

말 안보 불안을 해소할 방법이겠지만, 문제는 이런 믿음에 합리적인 근거가 없다는 점이다. 역사를 보면, 협상이 약소국에 유리하게 체결된 사례는 많지 않다.

이탈리아는 제1차 세계대전에서 함께 승리했지만, 영국, 프랑스처럼 원하는 만큼 해외 영토를 가져갈 수 없었다. 다소 늦게 연합국으로 돌아섰다는 점도 문제였지만, 국력이 약하고 전과가 적어서 협상을 주도할 수 없었다는 점도 문제였다. 물론 제1차 세계대전 중에 일어난 '크리스마스 정전'처럼 적대국 군인끼리 최전방에서 서로 무기를 내려놓은 사례도 있지만, 소수 성공 사례만 보고 다수 실패 사례를 외면하는 것은 비합리적이다.

겁 많은 인간이 살아남은 이유

인간의 타고난 심리도 비무장 평화주의를 편들지 않는다. 어두운 밤 좁은 골목길에서 한 여성이 퇴근하고 있다. 그런데 매번 뒤에서 덩치 크고 인상이 험악한 남성이 다가온다. 물론 남성은 우연히 같은 방향으로 걷고 있을 뿐인지도 모른다. 이럴 경우, 여성은 남성의 선의를 믿고 아무것도 하지 말아야 할까, 아니면 다른 길을 찾거나 호신용품을 구해야 할까?

이 문제에 정답은 없지만, 여성이 위험에 대비한다고 해서 불합리하다고 말할 수는 없다. 아무 일 없을 가능성이 99%고, 무슨 일 있을 가능성이 1%인데, 그 1%가 실제로 일어날 수 있는 동시에 돌이킬 수 없는 위험이라면, 그 1%에 대비하는 편이 안전 면에서 합리적이다.

이런 과잉 대응은 사람이 살아남은 비결이다. 원시시대부터 사람은 실현될 수 있는 나쁜 사태에 대비해 왔다. 수풀이 바스락거리면 도망쳤고, 밤이 되면 은신처로 숨었다. 그 덕에 원시인류는 많은 후손을 남길 수 있었다.[15] 만약 우리 조상이 좌파처럼 비무장 평화주의 노선을 고집했다면, 지금의 우리는 없었을 것이다.

---

15) 랜돌프 M. 네스, 『이기적 감정』, 안진이 옮김, 길벗, 2020.

같은 이유로 우리는 대화를 시도하기 전에 가능한 한 많은 탱크, 자주포, 미사일을 만들어야 한다. 군비경쟁이 일어나겠지만, 애초에 군비경쟁은 「워싱턴 조약」처럼 국제적 합의로 억제되어야 할 문제이지 어느 한쪽이 일방적으로 무장을 해제한다고 해서 해결될 수 있는 문제가 아니다. 불확실한 세상에서는 합리적인 비관이 맹목적인 낙관보다 나을 수 있고, 너무 낙관적인 비무장 평화주의는 우리나라를 상대의 변덕에 떠넘길 뿐이다.

지금 우리나라 국민은 주변 상황을 보고 위협을 느끼고 있다. 「한국갤럽」이 2013년에 조사한 것에 따르면, 응답자 76%가 북한의 3차 핵실험 탓에 한반도 평화가 위협받는다고 답했다. 우리도 핵무기를 갖춰야 한다는 사람도 64%나 되었고, 김정은을 호전적인 인물로 보는 사람도 62%나 되었다.[16] 「KBS」가 2023년에 조사한 결과를 봐도, 응답자 75%가 안보 불안을 느낀다고 답했다.[17] 합리적이고 아니고

---

16) 한국갤럽 『Gallup Report』, 2013년 2월 20일.
17) KBS 뉴스, 『국민 82%는 &북한 비호감&⋯75%는 '안보 불안'』, 2023년 8월 15일.

를 떠나서, 국민 다수는 꾸준히 안보 불안을 호소하고 있다.

하지만 좌파는 눈에 보이는 여론에 전혀 반응하지 않고 있다. 국민이 원한다면 대통령도 소환할 수 있어야 한다면서, 정작 국민 다수가 느끼는 안보 불안에는 맞춰주는 시늉도 하지 않은 것이다. 여론에 냉담한 태도가 선거 결과와 무관하다고 보기는 어렵지 않을까?

정말 인간적인 안보 정책

해외 사례를 보면, 성공한 좌파는 안보 불안을 결코 외면하지 않았다. 2023년, 러시아가 우크라이나를 침공한 뒤로 유럽 전체의 안보가 위태로워지자, 독일은 다시 국방비를 늘리기로 결정했다. 그런데 그 이야기를 먼저 꺼낸 건 다름아닌 독일 「사회민주당」 소속 올라프 숄츠 총리였다.[18] 2022년에는 오랫동안 중립 노선을 고집하던 스웨덴이 나토 가입을

---

18) 이경탁, 『독일, 재무장 선언… '내년 국방비, GDP 2% 달성'』, 조선일보, 2023년 11월 11일.

추진했다. 당시 스웨덴 정부는 「사회민주노동당」 소속 마그달레나 안데르손 총리가 이끌고 있었다.[19]

> **"노동계급은 국제적 헌신에 대해서 만큼이나 민족적 헌신에 대한 의지를 갖고 있다. 따라서 그들에게는 민족적 이익이 존재한다."**_에두아르트 베른슈타인, 독일 사회주의 사상가[20]

반면 실패한 좌파는 안보 불안에 둔감했다. 일본 「공산당」이 대표적이다. 일본 「공산당」은 1922년에 창당된, 일본에서 가장 장수한 정당이지만 단 한 번도 정치를 주도해 보지 못했다. 1979년에 「중의원(다른 나라의 하원) 511석 중에서 39석을 차지해 본 적은 있어도, 대체로 20석을 지키지 못했다.

여러 이유가 있겠지만, 그중 하나는 자위대 폐지 강령이었다. 2004년까지 일본 「공산당」은 「자위대」마저 폐지해서 일본을 비무장 평화지대로 만들자고 주장했다. 이후 뒤늦게 여론을 받아들이고 「자위대」

---

19) 주 스웨덴 대한민국 대사관, 『스웨덴 NATO 가입』, 2024년 3월 7일.
20) 셰리 버먼, 『정치가 우선한다』, 김유진 옮김, 후마니타스, 2013.

군축으로 강령을 수정했지만, 큰 성과는 없었다. 「평화헌법」을 개정하자는 여론이 반대 여론보다 2배 강할 정도로, 일본인의 안보 불안 역시 심각했기 때문이다.[21]

우리나라 좌파는 여성 안전을 위해서라면 법 앞의 평등까지 위협하며 문제에 대응해 왔다. 남성을 잠재적 가해자로 봐야 한다는 사람도 있었다. 그런 좌파지만 북한이나 중국을 잠재적 침략자로 간주하는 태도에는 유독 거부감을 느낀다. 단언컨대 대북 제재와 국방비 증액을 이야기할 수 없는 좌파 정당은 앞으로도 「민주당」에 기대지 않고 지지층을 넓히기 어려울 것이다. 역대 좌파 정당 지지율이 이 가설을 증명한다.

"당신은 전쟁에 관심 없을지 몰라도, 전쟁은 당신에게 관심 있다."_트로츠키가 했다고 알려진 말

---

21) 손형섭, 『일본 평화헌법 개정 논의의 현황과 쟁점』, 한국의회발전연구회, 의정연구 20권 1호, 2014.

좌파가 외면한 안보 불안 35

4장.

좌파가 무시한

내집단 편향

2022년 9월, 이민자에게 관대하던 스웨덴에서 이변이 일어났다. 9월에 열린 총선에서 반이민 정당인 스웨덴 「민주당」이 원내 제2당 자리를 차지했다.[22) 지난 수십 년 동안 스웨덴에서는 「사회민주노동당」과 「온건당」이 원내 제1, 제2당 자리를 주고받았다. 9월까지는 「사회민주노동당」이 원내 제1당으로서 좌파 연립 정부를 구성하고 있었다. 「온건당」은 제2당이었다.

그런데 9월 총선에서 「온건당」 자리를 민주당이 꿰차고 우파 연립 정부를 만드는 데에 결정적으로 기여했다. 「민주당」은 복지국가를 지키기 위해 이민자와 난민 유입을 억제해야 한다고 주장했는데, 이게 기성 정치인을 불신하는 사람들에게 통한 듯하다.[23) 스웨덴 사람들의 관용이 슬슬 한계에 달하고 있는 걸까.

---

22) 이수정, 『2022년 스웨덴 총선 결과』, KOTRA 해외시장 뉴스, 2022년 9월 14일.
23) 신광영, 『스웨덴 정치체제의 변화: 스웨덴 민주당의 등장을 중심으로』, 한국 스칸디나비아학회, 스칸디나비아연구 제15호, 2014.

스웨덴뿐만이 아니다. 다문화, 다민족 사회를 꿈꾸던 유럽 곳곳에서 반이민 정서가 힘을 키우고 있다. 2023년 네덜란드에서는 「자유당」이 민족주의와 반이슬람을 내걸고 원내 제1당 자리를 차지했다.[24] 2022년 이탈리아에서도 극우세력인 「이탈리아 형제들」이 정권을 차지했다.[25]

독일에서도 반이민, 반유럽연합을 내세우는 「독일을 위한 대안」이 지지율을 올리고 있고, 폴란드와 헝가리에서는 훨씬 전부터 반이민, 반자유주의 정당이 세력을 키우고 있었다.[26] 올해에는 가장 글로벌하다는 영국조차 취업비자 조건을 강화할 계획이다.[27] 인류 진보의 정점인 유럽은 이제 예전만큼 외지인을 환영하지 않는다.

---

24) 카티야 애틀러, 『네덜란드 총선서 '네덜란드의 트럼프' 헤이르트 빌더르스 승리…유럽에 강경우파 돌풍』, BBC NEWS 코리아, 2023년 11월 24일.

25) 이재훈, 『멜로니 이탈리아 총리 지명…무솔리니 이후 첫 극우 집권』, 한겨레, 2022년 10월 22일.

26) 이반 크라스테프 등, 『모방시대의 종말』, 이재황 옮김, 책과함께, 2020.

27) 남선우, 『영국: 취업비자 규제 강화 및 쟁점』, 한국노동연구원, 국제노동브리프 2024년 1·2월호 Vol.22, No.1

우리는 그들과 얼마나 다를까?

유럽 상황이 이렇지만, 우리나라에서는 더 많은 이민자를 받아야 한다고 이야기한다. 이민자 없이는 더 이상 저출산 문제에 대응할 수 없다는 것이다. 특히 좌파는 이미 우리가 다문화, 다민족 사회가 되었다고 이야기한다. 지방에는 다문화 학생 비율이 20%를 넘은 초등학교가 많기 때문이다.[28] 이런 논의 흐름을 보면, 우리나라 좌파가 이민 개방을 낭만적으로 보고 있는 듯하다.

우리는 무슬림이 서울 한복판에 이슬람 율법이 지배하는 구역을 만드는 걸 본 적도 없고, 시크교도 경찰이 제식 정모 대신 터번을 써도 되는지 논의해 본 적도 없고, 문화 충돌이 일어날 때 어떻게 대응할지 연습해 본 적도 없다. 서구가 수십 년 전부터 겪은 일을 우리는 하나도 겪지 않은 것이다.

지금까지 우리가 접한 외국인 대부분은 콩고 출신

---

28) 최민지 등, 『[단독] 교실 절반이 '김빅○○아'…56개 시군구 다문화 초등생 10% 넘었다』, 중앙일보, 2023년 11월 7일.

조나단처럼 철저히 한국화된 경우다. 한국에서 '다문화'라는 꼬리표는 아예 다른 문화권만을 가리키지 않는다. 국제결혼 가정에서 태어나 사실상 출신 외에는 한국인과 구분할 수 없는 경우도 다문화로 분류해 통계로 잡는다. 다시 말해 우리나라는 제대로 다문화, 다민족 사회를 겪어 본 적이 없다. 이런 우리나라가 과연 대부분 나라에서 실패하고 있는 '공존'을 달성할 수 있으리라 볼 근거가 무엇일까.

유럽에서 일어난 반동이 보여주듯, 사람 마음은 낯선 사람을 마냥 환영하지 않는다. 모든 사람은 날 때부터 자신이 어디에 속하는지 빠르게 학습한다. 연구자들에 따르면, 태어난 지 세 달 된 아기도 같은 인종 사람을 더 편하게 여긴다. 누가 가르쳐주지 않아도, 사람은 자신과 타인이 어느 민족에 속하는지 구분할 줄 안다.[29] 성인이 되어서도 구별짓기는 끝나지 않는다. 사람은 누구나 같은 동네 출신, 같은 종교 신자, 같은 정당 지지자를 더 안전하다고 여긴다.

---

29) 마크 모펫, 『인간 무리』, 김성훈 옮김, 김영사, 2020.

심리학에서는 이런 식으로 의도하지 않게 내가 속한 집단과 아닌 집안을 구별하는 것을 '내집단 편향_Ingroup Bias'이라고 부른다.30) 상경한 사람이 같은 지방 사람에게 더 친절하고, 유럽 사람이 반이민 정당을 지지하는 데에는 바로 내집단 편향의 역할이 결정적이다.

타고난 편향을 외국인 혐오, 극단적 민족주의로 몰아간다고 해서, 여러 문화와 민족을 하나로 통합할 수 있을까. 유럽 사례를 보면 그렇지 않다.

스웨덴과 덴마크의 운명을 가른 순간

스웨덴은 90년대부터 이민자와 난민을 받았다. 이제는 스웨덴 인구의 20%가 이민자다.31) 같은 시기 이웃 덴마크는 일자리를 보호하기 위해 국경 장벽을 지켰다. 노골적으로 외국인을 배제하지는 않았지만,

---

30) 니컬러스 크리스타키스, 『블루프린트』, 이한음 옮김, 부키, 2020.
31) 송지원, 『'총기 위협'받는 스웨덴』, 경향신문, 2023년 9월 12일.

외국인에게 다소 불리하게 제도를 설계했다. 당시 스웨덴 「사회민주노동당」은 덴마크 「사회민주당」 동지들을 인종주의자로 낙인찍었다.32) 하지만 지금 상황을 보면 과연 덴마크 동지들이 틀렸다고 할 수 있는지 의문이다.

지금 스웨덴에서는 이민자와 스웨덴 청년으로 구성된 마약 범죄조직이 서로에게 총을 겨누고 있고, 그 탓에 스웨덴은 유럽에서 가장 위험한 곳이 되었다. 그 영향으로 앞서 이야기한 것처럼 반이민 정당까지 부상했다.33) 반면 덴마크에서는 「사회민주당」이 비교적 평화롭게 정국을 주도하고 있다. 한때 극우 정당이 성장했지만, 십여 년 전 이민 규제에 동참한 사회민주당에 지지자를 빼앗겼다. 이제 스웨덴은 준비되지 않은 이민이 어떤 결과를 초래하는지 보여주는 반면교사가 되었다.

---

32) 메리 힐슨, 『노르딕 모델』, 주은선 등 옮김, 삼천리, 2010.
33) 송지원, 『'총기 위협'받는 스웨덴』, 경향신문, 2023년 9월 12일.

굳이 실패를 반복하려는 우리나라 좌파

세계 곳곳에서 이민 문제 때문에 심각한 충돌이 일어나고 있지만, 우리나라 좌파는 외국인 혐오자를 색출하기에 바쁘다. 남보다는 우리 가족, 다른 나라 사람보다는 우리나라 사람을 더 아끼고 싶은 것이 사람 마음이다. 실제로 좌파도 대학 입시나 취업 문제에서 그런 마음을 감추지 못하고 있지 않은가. 이렇게 모두가 공유하는 내집단 편향을 모조리 혐오로 규정해 버린다면, 과연 유권자가 좌파를 믿을만한 대안으로 생각할 수 있을까?

단언컨대 현실적인 문제를 따지는 일과 이민을 전면 거부하는 일은 엄연히 다르다. 이민자를 위해 자국민이 불만을 참는 상황을 예방하기 위해서, 그리고 이민자가 우리나라에 잘 적응하는 걸 돕기 위해서, 우리는 이민에 더 철저히 대비해야 한다. 속도를 조절하고, 교육 복지와 일자리를 준비해야 한다. 특히, 우리 안에 있는 내집단 편향에 어떻게 대응할 것인지 고민해야 한다. 혐오로 규정하는 건 쉽지만, 미래에 대비하는 건 어렵다.

"경제적 이득을 위해서든 외계인 방어를 위해서든 인간 사회들이 서로 의지할 때라 해도, 차이점의 무게감이 감소하지는 않을 것이다. 다시 말해 전 세계 사람들이 인류 전체와 하나로 연결된 느낌을 가질 것이라는 범세계주의의 관념은, 하나의 몽상에 불과하다."_마크 모펫[34]

---

34) 마크 모펫, 『인간 무리』, 김성훈 옮김, 김영사, 2020.

5장.
좌파가 악화시킨 고립감

"소수가 아니라 다수를 위해"_영국 노동당 슬로건

2021년 2월, 「한국양성평등교육진흥원_양평원」이 타오르는 남녀 갈등에 석탄을 던졌다. 당시 「양평원」은 공식 유튜브 채널에 『잠재적 가해자와 시민적 의무』라는 영상을 올렸는데, 내용을 요약하자면 이렇다. "성폭력으로부터 살아남기 위해 남성을 잠재적 가해자로 간주할 수밖에 없다." 남성은 이런 대우를 기분 나빠하기보다 자신이 가해자가 아니라는 점을 증명해야 한다. 그게 시민의 의무다.35)

「양평원」 강의에도 일리는 있다. 어두운 밤길에서 등 뒤에 낯선 남성이 따라온다면 여성은 어떻게 해야 할까? 무죄추정 원칙을 일상으로 끌어와서 남성이 안전하다고 간주해야 할까? 아니면 남성을 잠재적 가해자로 간주하고 피해야 할까?

3장 《좌파가 외면한 안보 불안》에서 이야기한 것처럼, 불확실한 상황에서 안전하고 싶다면 남녀를

---

35) 김지혜, 『"좋은 남성임을 입증하라" 이게 여가부 산하 '성인지 강의'』, 중앙일보, 2021년 4월 13일.

떠나서 위험할 가능성에 대비하는 것이 합리적이다. 무죄추정 원칙은 어디까지나 정부기관이 범죄를 수사하고 판결을 내릴 때 지켜야 할 원칙이다. 일상에서는 안전을 지키기 위해 유죄추정해야 할 수 있다.

문제는 이 이야기가 나온 곳이 정부 부처 산하기관이었다는 점이다.

억울해도 참으라는 정부

2017년 전라북도 부안군에서 한 중학교 교사가 자살했다. 당시 교사는 여학생들의 무고 탓에 경찰로부터 조사받아야 했는데, 「전라북도 교육청」은 사실이 다 드러나기 전부터 교사를 범죄자로 몰아갔다. 심지어 경찰이 혐의 없음으로 사건을 끝냈는데도, 「전라북도 교육청」은 교사에게 직위해제 처분을 내렸다.[36] 경찰도 아닌 교육청이 무죄추정 원칙을 지키지 않은 탓에 누군가 억울한 일을 당한 것이다.

---

36) 김상윤 등, 『시골 교사의 자살… "성추행 당했다" 부풀린 진술이 부른 비극』, 조선일보, 2017년 8월 12일.

이처럼 정부기관이 여성을 보호하려다가 남성을 외면하는 사례가 분명히 있었음에도, 「양평원」은 오로지 남성에게만 주의하고 인내할 것을 요구했다. 당시 상황을 보면, 사실상 남성이 알아서 생존해야 한다는 이야기나 마찬가지였다.

모두에게 공정해야 할 정부가 저렇게 나오니, 많은 남성이 소외감을 느낄 수밖에 없었다. 정부가 사회의 절반을 따돌리는데, 갈등이 얌전히 가라앉을 리 없었다. 결국 「양평원」이 강의를 올리고 두 달 뒤, 2021년 4월 재보궐 선거는 남녀 간 대리전이 되었고, 이후에도 우리나라는 사회통합과 꾸준히 멀어졌다.

불타는 갈등에 장작 던지기

이런 상황에서 좌파는 무엇을 했을까. 권력이 없어서 실질적으로는 아무 것도 못했다. 하지만 얼마 없는 발언력을 짜내서 사회를 분열시키는 데 적극 기여했다. 남녀 갈등뿐만 아니라, 거의 모든 갈등에서 좌파는 문제를 악화하는 쪽이었다.

「전국장애인차별철폐연대_전장연」가 지하철을 불법으로 점거했을 때, 이동권 확대를 지지하는 사람은 80%를 넘었지만 지하철 점거가 불가피했다고 생각하는 사람은 29%에 불과했다.37) 「한국지체장애인협회」 같은 큰 장애인 인권단체도 「전장연」의 시위 방식을 비판했다.38)

그런데 좌파는 「전장연」만 옹호했다. 심지어 「정의당」 장혜영 의원은 「전장연」을 노벨평화상 후보로 추천하기까지 했다.39) 출퇴근해야 하는 직장인과 대표성 부족한 장애인 인권단체가 갈등하는 상황에서, 좌파는 균형을 잡으려 하지 않은 것이다. 또 다른 약자인 직장인에게 피해를 주지 않고 투쟁하라는 이야기도 좌파에게는 그저 장애인 혐오일 뿐이었다.

퀴어퍼레이드 문제에서도 좌파는 다수를 논의에서

---

37) 송승연, 『[기획] 장애인 이동권 시위에 대한 인식』, 한국리서치, 2022년 7월 6일.

38) 박태근, 『지체장애인협회 "전장연 도 넘어…이미지 훼손 멈추라"』, 동아일보, 2022년 3월 29일.

39) 신주영, 『녹색정의당 장혜영, 노벨평화상 후보로 전장연 추천』, 경향신문, 2024년 2월 12일.

배제했다. 「한국리서치」에 따르면, 2022년 여론조사 참가자 52%는 퀴어퍼레이드 개최에 반대했다. 이 비율이 2023년에는 54%로 늘었다. 심지어 진보층에서도 찬성은 34%였지만 반대는 42%였다. 반면 퀴어퍼레이드를 누구나 즐길 수 있는 축제라고 생각한 비율은 24%에 불과했다.[40]

그렇다고 사람들이 동성애 자체에 반대하는 건 아니었다. 「한국갤럽」에 따르면, 2001년에는 동성혼 법제화에 찬성하는 사람이 17%에 불과했지만 2019년에는 35%로 늘었다. 같은 해 동성애를 사랑의 한 형태로 보는 사람은 53%였다.[41] 다시 말해 사람들이 반대하는 것은 공공장소에 어울리지 않는 노출 행위이지 동성애 자체가 아니었다고 볼 수 있었다. 하지만 좌파는 그걸 모조리 동성애 혐오로 묶어버렸다.

이렇게 다른 의견이 있는 사안에서, 다수의 생각을 혐오로 규정지어 버리는 것이 갈등을 해결하는

40) 이동한, 『[기획] 퀴어 축제 여론 및 퀴어 콘텐츠에 대한 인식』, 한국리서치, 2023년 6월 21일.
41) 한국갤럽 『데일리 오피니언』 제356호(2019년 5월 5주)

데에 도움 될까?

세상을 왕따시키려 한 좌파

　『고립의 시대』를 쓴 노리나 허츠 교수는 고립감을 더 넓게 정의해야 한다고 이야기했다. 가족이나 친구가 없어서 쓸쓸한 느낌뿐만 아니라, 고용주로부터 불공정하게 대우받는다는 느낌, 정부와 정치인이 나를 신경 쓰지 않는다는 느낌처럼 더 넓은 관계에서 느낄 수 있는 고립감도 함께 고려해야 한다는 것이다.[42]

　심리학자들은 공 던지기 게임에서 소외되는 것처럼 사소한 일에도 사람이 외로움을 느낀다는 점을 여러 번 확인했다.[43] 그렇다면 정치 담론에서 별로 중요하게 여겨지지 않을 때에도 사람은 고립되었다고 느낄 수 있을 것이다. 다시 말해 좌파의 화법은 다른 사람에게 논의에서 배제되었다는 느낌을 줄 수 있다.

---

42) 노리나 허츠, 『고립의 시대』, 홍정인 옮김, 웅진지식하우스, 2021.
43) 매튜 리버먼, 『사회적 뇌』, 최호영 옮김, 시공사, 2015.

지하철 점거는 불편한 것이다. 퀴어퍼레이드는 낯선 것이다. 기존 사고방식을 바꾸고 낯선 것을 받아들이는 데에는 많은 정신적 노력이 필요하다. 피곤하고 불안한 사람은 낯선 것을 빠르게 받아들이기 어려울 수 있다. 스트레스가 좋은 면보다는 나쁜 면에 주목하게 만들기 때문이다. 특히 위협감을 느낀 사람은 눈앞의 위협에만 초점을 두게 된다.[44]

그렇다면 혐오자로 낙인찍힌 평범한 직장인은 지하철 점거와 퀴어퍼레이드의 정당성보다 자신을 향한 비난에 초점을 둘 수도 있다는 이야기가 아닐까. 상대를 불쾌하게 만들면서 합리적인 논의가 이뤄지기를 바라는 것은 과욕이 아닐까.

수단을 위해 목적을 희생하지 말아야 한다

물론 다수가 싫어한다고 해서 약자의 절박한 집회를 모조리 금지할 수는 없다. 집회의 자유는 기본권이다. 하지만 정당은 더 중요한 목적을 달성하기 위

---

44) Paula M. Niedenthal 등, 『감정과학』, 이동훈 등 공역, 학지사, 2022.

해 집회에 대한 지지를 미룰 수 있다. 비겁하게 들릴 수 있지만, 떳떳하게 실패하고 자기 만족감만 누리는 것보다 경로를 유연하게 골라서 목적지에 도착하는 것이 더 나을 것이다.

좌파가 대변해야 하는 것은 「전장연」이 아니라 '**장애인**'이고, 퀴어퍼레이드가 아니라 '**성소수자**'다. 더 중요한 목적은 지하철 점거와 퀴어퍼레이드가 아니라 **장애인 이동권과 동성혼 법제화**다. 경로와 목적지를 혼동해서 의석을 잃으면 개혁만 늦춰질 뿐이다. 좋은 의도는 나쁜 전략을 대신할 수 없다.

결국 좌파는 지하철 점거와 퀴어퍼레이드조차 지켜내지 못했다. 「서울교통공사」는 전철을 무정차시켜 「전장연」의 점거를 피했다.45) 서울시는 다른 행사를 허용하는 식으로 서울광장에서 「퀴어퍼레이드」를 밀어냈다.46) 좌파는 중앙정부, 지방정부, 국회 등 주요

---

45) 김정진 등, 『전장연 지하철 시위 8명 체포에 반발…무정차 통과 강경대응』, 연합뉴스, 2023년 12월 8일.
46) 김보미, 『서울광장 '퀴어축제' 올해도 무산…'책읽는 서울광장' 열린다』, 경향신문, 2024년 4월 12일.

대의기구를 손에 넣지 못했고, 그래서 사회적 약자뿐만 아니라 그들의 행사도 지켜내지 못했다. 이처럼 힘없는 정의는 공허하다.

좌파는 항상 공감을 강조하지만 정작 지지를 호소해야 할 대상과는 공감하지 않았다. 다수결이 곧 민주주의는 아니지만, 민주주의 사회에서는 결국 다수의 동의를 이끌어내야 일을 진행시킬 수 있다. 다수의 동의를 이끌어내려면 다수와의 공감이 필수적이다. 그런데 좌파는 다수에게 공감을 강요하기만 했다. 다수를 포함하는 사회적 논의와 타협을 거치기보다, 불법 지하철 점거와 퀴어퍼레이드를 당연한 일로 못 박고 논의 자체를 거부했다. 다수의 생각을 들어주지 않는 정파가 다수로부터 선택받을 리 없었다. 결과는 22대 총선이 보여주는 것 그대로다.

"'인간이 실제로 어떻게 살고 있는가'는 '인간이 어떻게 살아야 하는가'와 크게 다르다"_니콜로 마키아벨리[47]

---

47) 니콜로 마키아벨리, 『군주론』, 이시연 옮김, 더클래식, 2019.

나가는 말:
좌파를 다시 위대하게

2021년 11월 16일 MBC 『100분 토론』에서 「정의당」 장혜영 의원은 패널 성비를 문제 삼았다. 사회자를 포함해서 총 5명이 있었는데 그중 여성은 장혜영 의원뿐이었다. 사회자는 다른 여성 정치인이 참여를 거부했다고 해명했지만, 장혜영 의원은 여성이 나올 수 없는 구조적인 문제를 탓했다.[48)]

대체 여성 정치인이 『100분 토론』에 나올 수 없는 구조적인 문제란 무엇일까? 전체 여성 정치인이 적다는 점은 문제지만, 『100분 토론』 성비는 우연히 그렇게 되었을 수 있지 않은가? 이런 막연한 지적이 기존 지지자 외 다른 사람들의 마음을 돌릴 수 있을까. 22대 총선에서 「정의당」이 얻은 의석 수를 보면, 때와 장소를 가리지 않는 지적질이 사회를 바꾸는 데에 효과 있어 보이지는 않는다.

---

48) 100분 토론 938회 『2022 대선, 청년의 선택은?』, 2021년 11월 16일.

비판에도 때와 장소가 있다

우리나라는 과잉 소비를 위해 과잉 경쟁하는 곳이다. 좌파는 그런 과로 사회를 항상 비판해왔다. 하지만 좌파는 과로의 증상인 공감 부족을 따뜻하게 바라보기보다 비난했다. 많은 사람이 과잉 경쟁 속에서 버둥거리느라 새것에 익숙해질 기회를 얻지 못했다.

광화문에서 태극기와 성조기를 들고 부정선거를 외치는 사람, 트랜스젠더가 왜 존재하는지 이해하지 못하는 사람, 장애인 이동권에는 공감하지만 내 출근을 방해하지 않기를 바라는 사람... 이런 사람들도 엄연히 '민중', '노동자 계급', 미우나 고우나 함께 살아야 할 '평범한 이웃'이다. 그런 평범한 사람들에게 무분별하게 혐오자, 차별주의자 낙인을 찍는 것은 또 다른 약자를 혐오하는 게 아닐까.

좌파는 언제나 사람이 먼저라고 하지만, 정작 사람 마음을 이해하는 데는 서툴다. 많은 사람이 북한과 중국의 도발을 진지하게 걱정하는데, 좌파는 무장해제를 요구했다. 또한 선진적인 유럽도 극복하지 못한 내집단 편향에 마땅한 대책 없이 도전했고, 사회적 약자를 보호하자는 논의에서 나머지를 따돌렸다.

좌파는 실제 민중이 아니라 상상 속 민중을 위해 싸웠고, 그 결과 22대 총선에서 「민주당」의 하청을 자처한 세력 외에는 모두 국회 밖으로 내쫓겼다. 득표율을 보면 소선거구제를 탓할 수도 없어 보인다.

결과가 이렇게 나왔지만, 기존 좌파 정당은 바뀌지 않을지도 모른다. 좌파는 언제나 사람이 쉽게 바뀌지 않는다는 사실을 스스로 증명했다. 이번에도 다시 한 번 때를 기다리자며 버틸 수도 있다. 하지만 같은 행동을 반복하면서 다른 결과가 나오기를 기대하는 것은 비합리적이다. 지금까지 나라를 충분히 바꾸는 데에 실패했다면 이제는 다른 방법을 고민할 때다.

지금 우리나라에는 어느 때보다 합리적인 좌파가 필요하다. 자유민주주의 사회의 기본은 '법

앞의 평등'이지만, 우리나라 법은 사회 계급에 따라 불평등하게 국민을 보호한다. 예를 들어 돈과 지식을 가진 정순신 변호사는 법을 우회해서 자녀의 학교 폭력을 무마했지만, 전세 사기를 겪은 청년 피해자는 수년이 지나도록 법으로부터 보호받지 못했다.

일이 이렇게 된 데에는 법적 보호를 받는 데에 많은 비용이 든다는 점도 있지만, 아무래도 소득이 불평등하다는 점이 주원인일 것이다. 이런 상황에서 좌파가 사라진다면 누구도 문제를 깊게 파고들지 않을 것이다. 계급 특권과 과도한 불평등에 맞서야 한다고 생각한다면 바로 그 사람이 좌파다.

세상에 당연한 권리는 없다

그렇다면 좌파는 무엇을 해야 할까. 우선 "당연하다"는 말부터 포기해야 한다. 좌파는 사회적 약자가 당연하게 누려야 할 권리를 요구하지만, 세상에 당연한 권리는 없다. 그랬다면 인류는 보편적인 권리를 얻기 위해 힘겹게 싸울 필요 없었을 것이다.

권리는 의무와 한 몸이다. 내가 권리를 누리려면 다른 사람이 의무를 감당해야 한다. 예를 들어 내가 자유롭게 표현할 권리를 누리려면, 다른 사람이 내 표현을 방해하지 않을 의무를 감당해야 한다. 내가 최저 생계를 보장받을 권리를 누리려면, 다른 사람이 누진적으로 납세할 의무를 감당해야 한다. 이처럼 누군가가 인내력과 경제력을 쏟아서 의무를 따를 때 비로소 모든 권리가 실현된다.

권리를 보장하는 일은 곧 사회구성원에게 의무를 할당하는 일이다. 문제는 '누구에게 어떤 의무를 할당할 것인가'이다. 여기에서 좌파는 갈등 해결에 서툰 부모처럼 군다. 형제가 다툴 때 무조건 형에게 양보하라고 하는 부모처럼, 좌파는 충분한 명분 없이 상대적인 강자에게 모든 의무를 떠민다. 그 상대적인 강자도 어떤 순간에는 약자일 수 있고, 사실상 사회 전반적으로는 약자나 다름없을 수 있지만, 좌파에게 그런 사실은 중요하지 않다. 불만을 제기하는 사람은 인권에 무지한 차별주의자일 뿐이다.

이런 식으로 불공정하게 일을 나누면 반드

시 갈등이 생긴다. 사람은 애먼 남을 위해 살지 않기 때문이다. 인내력과 경제력은 한정되어 있고, 사람은 그 한정된 자원을 가까운 사람 또는 소속감을 공유하는 사람과 나누고 싶어 한다. 이런 부족주의 정신은 자연스럽고 보편적이어서, 교육의 힘으로도 바꾸기 어렵다.[49]

실제로 관용 정신의 고향이나 다름없는 유럽도 결국 문화 갈등과 반이민 정당의 성장을 막지 못했다. 물론 이름도 모르는 남을 위해 희생하는 경우도 간혹 있지만, 그런 우발적인 충동에만 기댈 수는 없다.

따라서 좌파는 '하나의 국민'을 만드는 데에 주력해야 한다. 1930년대 스웨덴 「사회민주노동당」은 '민족중흥'을 전면에 내세우며 복지정책을 도입했다.[50] 최근 영국 「노동당」은 진보적 애국주의와

---

49) 니컬러스 크리스타키스, 『블루프린트』, 이한음 옮김, 부키, 2019.
50) 옌뷔 안데르손, 『경제성장과 사회보장 사이에서』, 박형준 옮김, 책세상, 2014.

영국적 가치를 당 기조로 삼았다.51)

　　우리나라 좌파도 같은 국가에서 서로 의존하고 있는 국민끼리 공동의 안전과 번영을 위해 협력해야 한다는 점을 강조해야 한다. 지금까지 평등한 의료권을 당연한 것이라고 포장해서 실패했다면, 이제는 안전한 일상과 튼튼한 국방을 위해 심신이 건강한 국민을 키우는 일이라고 이야기해야 한다. 해외 선배 좌파들이 그랬던 것처럼, 사람의 부족주의적인 마음을 적응해야 하는 현실로 받아들여야 한다.

　　우리나라 좌파는 위대했다. 애국적인 사회민주주의자인 조봉암 선생은 해방 직후 이승만 대통령의 가장 강력한 경쟁자였다.52) 제헌 헌법에 '**노동자 이익균점권**'을 추가한 전진한 선생은 6.25전쟁이

51) Julian Coman, 『Proud to be English: How we can shape a progressive patriotism』, the Guardian, 2021년 1월 17일.
52) 정태영, 『한국 사회민주주의 정당의 역사적 기원』, 후마니타스, 2007.

한창일 때에도 「근로기준법」을 관철했다.53) 훗날 전
태일 열사는 무려 박정희 시대에 그 「근로기준법」을
준수하라며 몸에 불을 붙였다. 민주화 이후에도 정
치의 변두리에 머무르고 있는 요즘 좌파와 다르게,
우리 선배 좌파는 정치의 중심에 있었다. 선배들이
해냈다면, 우리도 해낼 수 있을 것이다.

---

53) 이흥재, 『노동법 제정과 전진한의 역할』, 서울대학교출판
    문화원, 2010.

「손 안에 책」 소개

　　도서출판 「딥인사이트」는 개인의 통찰력을 공유하고 확장하는 플랫폼을 지향합니다. 저자와 독자의 지적 교류를 촉진하여, 새로운 아이디어의 탄생과 발전을 도모하고자 합니다. 이보다 더 생각을 넓혀 '국민 저자시대'라는 보다 적극적인 개념을 전하고 있습니다. '국민 저자시대'라는 표현은 모든 이가 잠재적인 저자라는 믿음에서 출발합니다. 전문가뿐만 아니라 일반 시민들도 자신만의 경험과 통찰을 책으로 펴낼 수 있다는 의미입니다. 이를 통해 다양한 관점과 목소리가 출판이라는 행위를 통해 세상을 변화시켜 나갈 거라 기대하고 있습니다.

　　또 '국민 저자시대'라는 개념은 사회 각계각층의 목소리를 담아내고, 이를 통해 우리 사회가 직면한 복잡한 문제들에 대한 창의적인 해결책을 모색하고자 하는 미래 비전이기도 합니다. 이를 통해 대한민국 사회는 다양성을 존중하며, 서로 다른 관점이 공존하고 발전할 수 있는 지적 생태계로 한층 성숙할 것이라 보고 있습니다. 아울러 다양한 배경을 가진 개인들이 자신의 인사이트를 다른 이들에게 효과적으로 전달할 수 있도록 저자 데뷔를 돕고자 합니다. 저술 경험이 없는 저자라 하더라도 테마선정-기획-집필의 과정을 함께하려 합니다. 저자의 성장환경을 조성하는 과정을 통해 미래 독자들에게 새로운 관점과 경험을 제공하게 하는 계기를 하나씩 만들어 갈 수 있으리라 믿습니다.

「손 안에 책」은 '손 안에 건네는 책'이라는 발상에서 시작한 문고판 출판물로, 저자의 메시지를 독자에게 간결하게 전한다는 의도를 담았습니다. 이는 책을 단순한 지식의 저장소가 아닌, 새로운 아이디어의 출발점으로 보기 때문입니다. 뿐만 아니라 독서는 저자와 독자의 대화면서, 독자들끼리의 활발한 대화라고 보고 있습니다. 유무형의 '독후활동'에 더 많은 가치를 두고 생각한다면, 누군가의 손에 책을 건네는 행위야말로 가장 간결하면서도 강렬한 독후활동이 아닐까요? 한 손에 쏙 들어가는 크기의 소책자 형상을

하는 것도 누군가에게 쉽게 건네는 메시지가 되기 위함입니다.

특히 독자가 저자로 성장하는 여정에서 누구보다 신뢰할 수 있는 동행이 되겠습니다. '국민 저자시대'의 주인공은 바로 여러분입니다.